AF193364

El valor de l'aigua
Objectes per a la seva gestió i ús

El valor del agua
Objetos para su gestión y uso

The Value of Water
Objects for its management and use

4   **Brocal de pou**

Al Andalus, 1375 – 1424
Terracota amb decoració estampillada
81,5 x 69 cm
Compra, 1911
MCB 121907

Obtenir l'aigua
Obtener el agua
Obtaining water

Aquest número 5 de la col·lecció "Nexes" recull el contingut de l'exposició temporal "El valor de l'aigua. Objectes per a la seva gestió i ús", presentada al DHub del 3 d'octubre de 2025 a l'11 de gener de 2026, amb un centenar de peces de la col·lecció del Museu del Disseny.

Aquesta mostra connecta amb l'exposició de llarga durada "Matter Matters. Dissenyar amb el món", en desenvolupar i ampliar les narratives de l'àmbit Matèria Petroquímica, "Anar el càntir a la font" i "Milions d'ampolles de plàstic cada dia". Més enllà d'ensenyar contenidors per transportar l'aigua i parar atenció en els materials de què estan fets, ara mostrem els objectes utilitzats en el cicle de l'aigua, des de la seva obtenció al seu ús, posant èmfasi en la necessitat d'optimització d'aquest bé indispensable.

Aquest format d'exposició temporal ofereix l'oportunitat de mostrar objectes de la col·lecció del Museu del Disseny habitualment no exposats i aprofundir en la seva documentació i conservació, però també de desenvolupar continguts, històrics i d'actualitat, que aquests objectes patrimonials poden oferir.

En un moment de canvi climàtic amb episodis de sequera, és important posar de manifest la rellevància de l'administració adequada de l'aigua. Alguns exemples propers són la gestió que se'n fa des del mateix edifici del DHub, on mitjançant una complexa estructura de captació, emmagatzematge i el tractament adequat s'empra l'aigua provinent de diferents fonts: des de les aigües pluvials i les freàtiques del subsol, utilitzades per als inodors, a la subministrada per la xarxa general per a la resta d'usos. Altres accions, com un sistema de climatització amb un circuit tancat o l'ús d'aixetes electròniques amb regulador de cabal, fan del DHub un dels edificis més sostenibles i energèticament eficients de la ciutat.

Des de l'àmbit municipal, també s'estan duent a terme campanyes de conscienciació sobre la importància de fer un ús racional d'aquest recurs preuat i escàs. L'Oficina de Canvi Climàtic i Sostenibilitat de l'Ajuntament de Barcelona desenvolupa un programa d'activitats extens per promoure una bona gestió de l'aigua al llarg de tot el cicle urbà.

Museu del Disseny - DHub

Este número 5 de la colección "Nexes" recoge el contenido de la exposición temporal "El valor del agua. Objetos para su gestión y uso", presentada en el DHub del 3 de octubre del 2025 al 11 de enero del 2026, con un centenar de piezas procedentes de la colección del Museu del Disseny.

Esta muestra conecta con la exposición de larga duración "Matter Matters. Diseñar con el mundo", al desarrollar y ampliar las narrativas del ámbito Materia Petroquímica, "Ir el cántaro a la fuente" y "Millones de botellas de plástico cada día". Más allá de enseñar contenedores para transportar el agua y prestar atención a los materiales de los que están hechos, ahora mostramos los objetos utilizados en el ciclo del agua, desde su obtención a su uso, haciendo énfasis en la necesidad de optimización de este bien indispensable.

Este formato de exposición temporal ofrece la oportunidad de mostrar objetos de la colección del Museu del Disseny habitualmente no expuestos y profundizar en su documentación y conservación, pero también de desarrollar contenidos, históricos y de actualidad, que estos objetos patrimoniales pueden ofrecer.

En un momento de cambio climático con episodios de sequía, es importante poner de manifiesto la relevancia de la administración adecuada del agua. Algunos ejemplos cercanos son la gestión que se hace de ella desde el mismo edificio del DHub, donde mediante una compleja estructura de captación, almacenamiento y el tratamiento adecuado se emplea el agua proveniente de diferentes fuentes: desde las aguas pluviales y las freáticas del subsuelo, utilizadas para los inodoros, a la suministrada por la red general para el resto de usos. Otras acciones, como un sistema de climatización con un circuito cerrado o el uso de grifos electrónicos con regulador de caudal, hacen del DHub uno de los edificios más sostenibles y energéticamente eficientes de la ciudad.

Desde el ámbito municipal, también se están llevando a cabo campañas de concienciación sobre la importancia de hacer un uso racional de este recurso preciado y escaso. La Oficina de Cambio Climático y Sostenibilidad del Ayuntamiento de Barcelona desarrolla un programa de actividades extenso para promover una buena gestión del agua a lo largo de todo el ciclo urbano.

Museu del Disseny - DHub

This fifth issue of the "Nexes" collection includes the content of the temporary exhibition "The Value of Water. Objects for its management and use," held at the DHub from 3 October 2025 to 11 January 2026, with around one hundred pieces from the Museu del Disseny collection.

The display builds on and connects to the long-term exhibition "Matter Matters. Designing with the World," further developing narratives in the field of petrochemical matter, such as "Taking the water jug to the fountain" and "Millions of plastic bottles a day." In addition to displaying containers for transporting water and examining the materials they are made from, this exhibition presents objects used throughout the water cycle, from collection to use, emphasising the need to optimise this essential resource.

This temporary exhibition format offers the opportunity to display items from the collection at the Museu del Disseny, which are not normally on show, to explore their documentation and conservation, and to develop both the historical and current narratives that these heritage objects can offer.

In a time of climate change and recurring droughts, it is important to emphasise the need for proper water management. Examples close to home include the management of the DHub's building itself, where a complex system for collecting, storing and treating water uses various sources: rainwater and groundwater for toilets, and mains water for all other cases. The DHub is one of the most sustainable and energy-efficient buildings in the city, thanks to measures such as a closed-circuit air conditioning system and electronic taps that regulate water flow.

At a municipal level, awareness campaigns are also being run to stress the importance of using this scarce and valuable resource responsibly. The Office for Climate Change and Sustainability, Barcelona City Council, runs a broad range of activities to promote the proper management of water throughout its urban cycle.

Museu del Disseny - DHub

Gerra d'aiguamans

Barcelona, 1400 - 1699
Terracota vidrada amb decoració incisa i aplicada
61 x 43 cm

Fons antic
MCB 9320

Retenir l'aigua
Retener el agua
Retaining water

Som aigua, depenem de l'aigua

Obrim l'aixeta i en surt aigua. Aigua potable. No és màgia, és el resultat de la gestió del cicle de l'aigua. Necessitem l'aigua per viure: per beure, per regar els vegetals que ens alimenten a nosaltres i als animals que mengem, i també per elaborar els productes que consumim. L'aigua és molt present a les nostres vides i, quan no hi és, ho notem.

L'aigua és un recurs finit. L'aigua potable apta per al consum humà és la de més qualitat. Els recursos hídrics alternatius a l'aigua potable, que poden ser les aigües regenerades, pluvials, grises o subterrànies, els podem utilitzar per a usos que no requereixin la qualitat de l'aigua potable, com el reg dels espais verds, la descàrrega de cisternes dels WC, el subministrament a fonts ornamentals i altres usos ambientals (com la neteja, entre d'altres). Les situacions d'emergència per sequera són cada cop més freqüents i greus com a conseqüència del canvi climàtic. Per aquest motiu, hi hagi sequera o no, cal prevenir-la fent servir menys aigua i també preparant-se davant l'escassetat d'aquest recurs. A més, la contaminació de l'aigua també en dificulta la reutilització.

Entendre quin és el cicle de l'aigua a Barcelona és un primer pas que ens permet adonar-nos de la seva importància i valorar-lo com cal. El segon pas és posar fil a l'agulla amb mesures concretes que es puguin portar a terme avui mateix, perquè encara som a temps d'actuar i cal començar a fer-ho ja. L'aigua és un recurs indispensable per a la vida i l'hem de protegir.

Ens hi juguem molt!

Oficina de Canvi Climàtic i Sostenibilitat de l'Ajuntament de Barcelona.

Somos agua, dependemos del agua

Abrimos el grifo y sale agua. Agua potable. No es magia, es el resultado de la gestión del ciclo del agua. Necesitamos el agua para vivir: para beber, para regar los vegetales que nos alimentan a nosotros y a los animales que comemos, y también para elaborar los productos que consumimos. El agua está muy presente en nuestras vidas, y cuando no hay, lo notamos.

El agua es un recurso finito. El agua potable apta para el consumo humano es la de mayor calidad. Los recursos hídricos alternativos al agua potable, que pueden ser las aguas regeneradas, pluviales, grises o subterráneas, los podemos utilizar para usos que no requieran la calidad del agua potable, como el riego de los espacios verdes, la descarga de cisternas de los inodoros, el suministro a fuentes ornamentales y otros usos ambientales (como la limpieza, por ejemplo). Las situaciones de emergencia por sequía son cada vez más frecuentes y graves como consecuencia del cambio climático. Por este motivo, haya sequía o no, es necesario prevenirla usando menos agua y también preparándose ante la escasez de este recurso. Además, la contaminación del agua también dificulta reutilizarla.

Entender cuál es el ciclo del agua en Barcelona es un primer paso que permite darnos cuenta de su importancia y valorarla como es debido. El segundo paso es ponernos manos a la obra con medidas concretas que se puedan llevar a cabo hoy mismo, porque todavía estamos a tiempo de actuar y hay que empezar a hacerlo ya. El agua es un recurso indispensable para la vida y debemos protegerla.

¡Nos jugamos mucho!

Oficina de Cambio Climático y Sostenibilidad
del Ayuntamiento de Barcelona

We are water.
We depend on it

When we turn on the tap, water flows out. Drinking water. It's not magic, but the result of managing the water cycle. We need water to live: to drink, to water the vegetables that feed us and the animals we eat, and to make the products we consume. Water plays a major role in our lives, and we notice its absence.

Water is a finite resource. Drinking water, safe for human consumption, is of the highest quality. Alternative water sources to safe water, such as regenerated water, rainwater, greywater and groundwater, can be used for purposes that don't require the same water quality, such as watering green spaces, filling toilet cisterns, supplying ornamental fountains and other environmental uses, including cleaning. Emergency situations caused by droughts are increasingly common and severe as a result of climate change. For this reason, whether there's a drought or not, we must reduce our water use and prepare for the scarcity of this resource. In addition, water pollution also makes it more difficult to reuse.

Understanding the water cycle in Barcelona is a first step that helps us to appreciate its importance and value it appropriately. The second step is to take action with specific measures that can be implemented today, as there is still time to act and we must begin immediately. Water is a vital element for life, and we must protect it.

There's a lot at stake!

Office for Climate Change and Sustainability,
Barcelona City Council

12 **Gerra**

Andalusia o Castella - la Manxa, 1700 - 1799
Vidre bufat a l'aire
16 x 14 cm

Compra, 1932
MADB 4925

Utilitzar l'aigua
Utilitzar el agua
Using water

El valor de l'aigua

Objectes per a la seva gestió i ús

El Museu del Disseny conserva un ampli conjunt d'objectes vinculats al circuit de l'aigua: des de la captació i l'emmagatzematge als diferents usos domèstics com l'alimentació o la higiene.

Fins a l'arribada de l'aigua corrent a les llars, ja ben entrat el segle XX, disposar d'aigua implicava esforç, enginy i, sobretot, consciència del seu valor. Calia optimitzar-ne l'ús, estalviar-la i reutilitzar-la sempre que fos possible.

Avui, en un context de crisi climàtica, és urgent recuperar aquesta mirada. El disseny pot jugar un paper clau en la gestió sostenible de l'aigua: des de mecanismes que en regulen el cabal a l'aixeta fins a solucions per reaprofitar l'aigua sobrant o repensar els processos de producció. Però cal anar més enllà. També hem de ser conscients del consum invisible d'aigua que generen altres recursos que fem servir cada dia, com l'electricitat, internet o les tecnologies d'intel·ligència artificial, que requereixen milions de litres d'aigua per funcionar.

El valor del agua

Objetos para su gestión y uso

El Museu del Disseny conserva un amplio conjunto de objetos vinculados al circuito del agua: desde su captación y almacenamiento a los diferentes usos domésticos como la alimentación o la higiene.

Hasta la llegada del agua corriente a los hogares, ya bien entrado el siglo XX, disponer de agua implicaba esfuerzo, ingenio y, sobre todo, conciencia de su valor. Había que optimizar su uso, ahorrarla y reutilizarla siempre que fuera posible.

Hoy en día, en un contexto de crisis climática, es urgente recuperar esta mirada. El diseño puede jugar un papel clave en la gestión sostenible del agua: desde mecanismos que regulan el caudal del grifo hasta soluciones para reaprovechar el agua sobrante o repensar los procesos de producción. Pero hay que ir más allá. También debemos ser conscientes del consumo invisible de agua que generan otros recursos que usamos cada día, como la electricidad, internet o las tecnologías de inteligencia artificial, que necesitan millones de litros de agua para funcionar.

The Value of Water

Objects for its management and use

The Museu del Disseny has an extensive collection of objects linked to the water circuit: from obtaining it and storing it to different household uses such as drinking it and using it for hygiene.

Until running water arrived in our homes, well into the 20th century, getting water entailed effort, ingenuity and above all, awareness of its value. Its use had to be optimised, saving it and reusing it whenever possible.

In today's context of climate change, we urgently need to regain this perspective. Design can play a key role in the sustainable management of water: from mechanisms that regulate the flow from taps to solutions to reuse excess water or rethink production processes. But we must go further. We also need to be aware of the unseen water consumption of other resources we use every day, such as electricity, the internet and AI tech, which require millions of litres of water to work.

Obtenir l'aigua

Abans que l'aigua arribés a les llars, calia sortir a buscar-la: a la font comunitària, al pou del pati o recollint l'aigua de pluja. Aquestes accions exigien esforç i estris específics. La cultura material reflecteix aquesta realitat amb una gran varietat d'objectes com ara teules, canalitzacions, brocals de pou o poals.

Avui només cal obrir una aixeta, però darrere d'aquest gest hi ha tot un sistema de captació, transport i distribució. Davant els efectes del canvi climàtic, cal tornar a valorar aquest recorregut i entendre que l'aigua no és infinita.

Obtener el agua

Antes de que el agua llegara a los hogares, había que salir a buscarla: a la fuente comunitaria, al pozo del patio o recogiendo el agua de lluvia. Estas acciones exigían esfuerzo y utensilios específicos. La cultura material refleja esta realidad con una gran variedad de objetos como tejas, canalizaciones, brocales de pozo o pozales.

Hoy solo hay que abrir un grifo, pero detrás de este gesto hay todo un sistema de captación, transporte y distribución. Ante los efectos del cambio climático, es necesario volver a valorar este recorrido y entender que el agua no es infinita.

Obtaining water

Before water reached our homes, we had to go out and look for it: at the communal spring, the well in the yard or by collecting rainwater. These actions required effort and specific tools. Cultural materials reflect this reality with a wide variety of objects, such as tiles, guttering and pipes, structures above wells and jugs.

Today all we need to do is turn the tap on, but behind this simple step there is a whole system of obtaining, transporting and distributing water. Given the effects of climate change, we need to value this circuit again to understand that water is not infinite.

Brocal de pou

Còrdova, 1175 - 1224
Terracota amb decoració amb corda
seca parcial i estampillada
81,5 x 77 cm

Compra, 1921
MCB 121908

Poal

Barcelona, 1293 - 1381
Terracota vidrada
30 x 21,5 cm
Procedent de la volta de l'església del Convent
dels Pares Carmelites Calçats de Barcelona

Excavació
MCB 9106

Teula de carener

Barcelona, 1400 – 1650
Terracota vidrada en negre de
manganès
21,5 x 33 x 37 cm
Procedent de la volta de l'antic
Hospital de la Santa Creu
de Barcelona
Excavació, 1951
MCB 62789

Teula

Barcelona, 1400 – 1699
Terracota vidrada
7 x 12,5 x 42,5 cm
Procedent de la volta de l'antic
Hospital de la Santa Creu de
Barcelona
Excavació, 1951
MCB 62815

Teula

Barcelona, 1400 - 1699
Terracota vidrada
6 x 25 x 40,5 cm
Procedent de la volta de l'antic
Hospital de la Santa Creu
de Barcelona
Excavació, 1951
MCB 62820

Teula

Muel, 1600 - 1699
Terracota vidrada en verd de coure
12 x 18 cm
Procedent de l'excavació realitzada
per Lluís M. Llubià a Muel
Excavació, 1950
MCB 64657

Teula

Fàbrica Hijo de Jaime Pujol y Bausis,
Esplugues de Llobregat, 1875 - 1924
Pisa decorada amb òxids metàl·lics
11,2 x 8 x 1 cm; 34 x 26 cm (conjunt)
Donació Industrial Ceràmica Vallvé, S.A., 1984
MCB 142859

Teula *Lògica Plana*

Ramon Benedito Graells i Gae
Benedito Prat
Cobert Tejas Ibérica, Toledo, 2010
Terracota, acabat banús
46 x 28 x 3 cm
Donació Benedito Design, 2017
MDB 1770

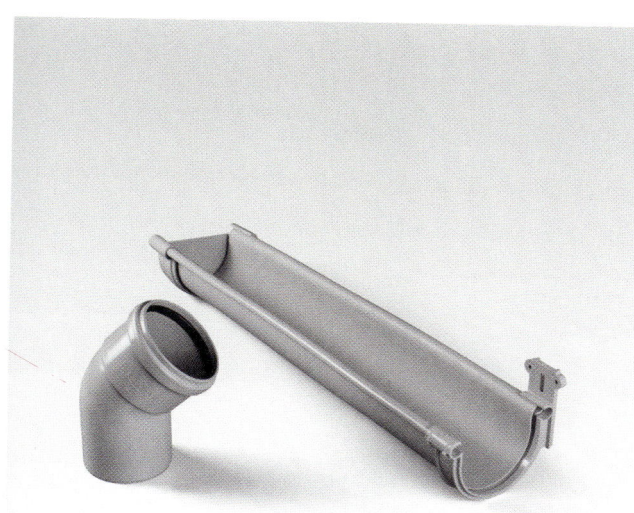

Canaló i colze de tub *Uraplast*

Equip tècnic Uralita
Uralita, S. A.,
Cerdanyola del Vallès, 1975
PVC
Canaló 8x13x60 cm;
colze 13x10,5x18 cm
Accessió, 2025
MDB

Canonada

Terol, 1300 – 1399
Terracota vidrada en verd de coure
20 x 7 cm
Procedent de la torre de l'església
del Salvador de Terol
Excavació, 1951
MCB 64231

Aixeta *Limón*

Patricia Urquiola
Agape, Roncoferraro, Itàlia, 2021
Llautó lacta
18,6 x 5 x 16,7 cm
Donació Agape mitjançant ADI-FAD, 2023
MDB 16299

Aixeta de de lavabo *Omega*

Inés Jackson
SL, Sant Feliu
de Llobregat, 1995
Llautó
13 x 6 x 19 cm
Donació Supergrif, SL, 1995
MADB 135960

Aixeta de banyera *Omega*

Inés Jackson
Supergrif, SL Sant Feliu
de Llobregat, 1995
Llautó
27 x 20 x 21,5 cm
Donació Supergrif, SL, 1995
MADB 135961

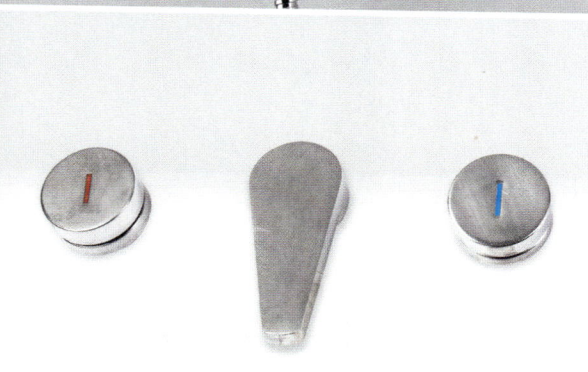

Aixeta

José Marlet Barrera
Nobel, Barcelona, 1965
Acer inoxidable i esmalt
3 x 32 x 13 cm
Donació Carme Rubio Palau, 2015
MDB 94

Retenir l'aigua

Un cop aconseguida, l'aigua s'havia de conservar amb cura. L'ús de grans recipients permetia garantir-ne la disponibilitat al llarg del dia per a diferents tasques domèstiques. Abans de la generalització de l'aigua corrent, recipients com les tenalles o les gerres grans —habituals als patis— eren essencials per gestionar aquest recurs tan preuat de manera eficient.

Retener el agua

Una vez se obtenía, el agua se tenía que conservar con cuidado. El uso de grandes recipientes permitía garantizar su disponibilidad a lo largo del día para diferentes tareas domésticas. Antes de la generalización del agua corriente, recipientes como las tinajas o las jarras grandes —habituales en los patios— eran esenciales para gestionar este recurso tan preciado de manera eficiente.

Retaining water

Once water was obtained, it had to be kept carefully. The use of large recipients helped ensure it was available throughout the day for different household tasks. Before the generalisation of running water, recipients such as earthenware jugs and jars, common in courtyards, were essential for managing this highly prized resource efficiently.

Gerra

Talavera de la Reina, 1675 – 1724
Pisa amb decoració policroma
52,8 x 43 cm

Compra, 1932
MCB 4000

Gerra

Paterna, 1375 - 1424
Terracota amb decoració pintada
amb òxid de manganès
45,1 x 25,2 cm
Compra, 1921
MCB 19605

Tenalla

Quart, 1698
Terracota amb decoració incisa
56 x 47 cm
Inscripció: *Pere Bosch 1698 me feit*
Fons antic
MCB 63504

Tenalla

Toledo, 1400 - 1499
Terracota amb decoració
estampillada i incisa
112 x 80 cm

Compra, 1958
MCB 65327

Tenalla

Paterna, 1400 - 1499
Terracota amb decoració
estampillada i incisa
97 x 65 cm

Compra, 1921
MCB 63492

Aiguamans

Catalunya, 1700 - 1799
Terracota vidrada
59 x 31 cm
Dipòsit, Servei de Recuperació, P.A.N., 1943
MCB 40113

Gerra

Puente del Arzobispo, 1800 - 1899
Pisa amb decoració en blau de cobalt
45 x 12 cm
Compra, 1951
MCB 48964

Utilitzar l'aigua... a la cuina i a taula

A la cuina, l'aigua és indispensable: per rentar aliments, cuinar o netejar. Els atuells com gerres, càntirs o gibrells ajuden a dosificar-la i racionalitzar-ne l'ús.

A taula, la gerra, l'ampolla o els gots són encara avui peces essencials per servir l'aigua, imprescindible per a la salut i el benestar.

Utilizar el agua... en la cocina y en la mesa

En la cocina el agua es indispensable: para lavar alimentos, cocinar o limpiar. Los recipientes como jarras, botijos o barreños ayudan a dosificarla y a racionalizar su uso.

En la mesa, la jarra, la botella o los vasos son todavía hoy en día piezas esenciales para servir el agua, imprescindible para la salud y el bienestar.

Using water... in the kitchen and at the table

Water is essential in the kitchen: for washing food, cooking and cleaning. Items such as jugs and basins help to measure it out and rationalise its use.

At the table, jugs, bottles and glasses are still essential for serving water, fundamental for health and well-being.

Gerra

Barcelona, 1400 - 1650
Terracota vidrada
25,5 x 21 cm
Procedent de la volta de l'antic
Hospital de la Santa Creu de Barcelona
Excavació, 1951
MCB 62703

Gerra

Barcelona, 1400 - 1499
Terracota vidrada en verd
32 x 20 cm
Procedent de la volta de
l'antic Hospital de la Santa Creu
de Barcelona
Excavació, 1951
MCB 62761

Gerra

Barcelona, 1400 - 1499
Terracota
24 x 22,5 cm
Procedent de la volta de la farmàcia
de l'antic Hospital de la Santa Creu
de Barcelona
Fons antic
MCB 142507

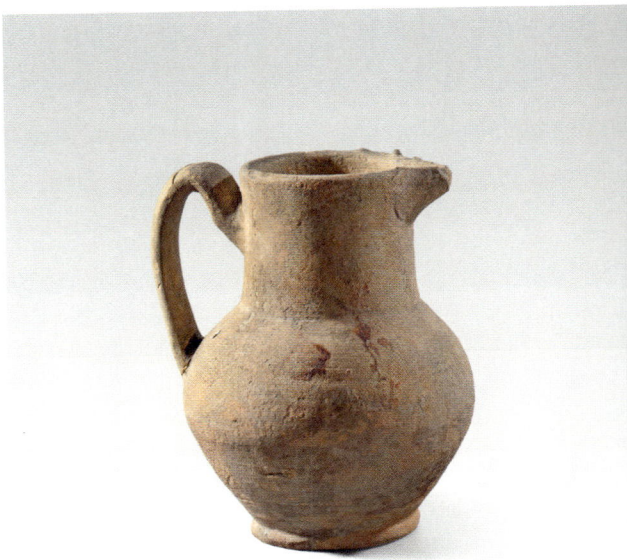

Olla

Barcelona, 1322 - 1498
Terracota vidrada
18,5 x 20,5 cm
Procedent de la volta del claustre del convent
de Sant Pere de les Puel·les de Barcelona
Excavació
MCB 9219

Cassola Sabora

Ramon Benedito Graells
Sabora, Sant Cugat del Vallès, 2012
Alumini amb nanses de silicona. Tapa de vidre
20 x 38,5 cm
Donació Benedito Design, 2017
MDB 1767

Olla de pressió

José Álix Martínez
CBC, Saragossa, 1933
Acer esmaltat
22 x 21 cm
Donació Sociedad Mercantil Estatal de Acción Cultural SA, 2017
MDB 1451

Bateria de cuina *Artic*

Pensi Design Studio i Equip I+D Castey Global
Castey Global S.L., Riudellots de la Selva, 2010
Exterior d'acer inoxidable inductiu, interior
d'acer inoxidable 18/10 i cor d'alumini.
17,4 x 33,5 x 35,7 cm
Donació Sociedad Mercantil Estatal de Acción Cultural SA, 2017
MDB 1435

Estris de cuina *7 Bowls*

Martín Azúa i Gerard Moliné (azuamoliné)
FACES, Design Mix Collections, Barcelona, 2005
Acer inoxidable
22 x 22 x 13 cm
Donació Sociedad Mercantil
Estatal de Acción Cultural SA, 2017
MDB 1438

Bol i colador

Emiliana Design
Ekobo Avinyó, Barcelona, 2016
Fibra de bambú biodegradable i polímers
12,5 x 30,5 cm
Donació Juli Capella Samper, 2022
MDB 15673

Gibrell

Fajalauza, Granada, 1800 - 1899
Pisa amb decoració en blau de cobalt
9 x 34,2 cm
Fons antic
MCB 100773

Colador

Fajalauza, Granada, 1800 - 1899
Pisa amb decoració en verd de coure i blau de cobalt
9 x 25,5 cm
Fons antic
MCB 100848

Gerra

Paterna, 1350 – 1425
Pisa amb decoració en blau de cobalt
17,9 x 15 cm

Compra, 1921
MCB 19422

Gerra

Manises, 1800 - 1899
Pisa amb decoració policroma
23,6 x 21 cm

Llegat Josep Oriol Borràs Quintana, 1946
MCB 40920

Ampolla

Catalunya, 1700 - 1799
Vidre bufat a l'aire amb fils de lacticini
26 x 12 cm
Compra, 1895
MADB 23584

Ampolles *Ilvino & Laigua*

Javier Mariscal
BD, SL Barcelona, 2003
Vidre reciclat transparent
19 x 12 cm: 25 x 10 cm
Donació Sociedad Mercantil Estatal de Acción Cultural SA, 2017
MDB 1453

Gerra

Francesc Elias i Bracons
Catalunya, 1930
Vidre bufat en motlle, estirat i esmaltat
20,5 x 16,5cm
Donació Delfina i Isabel Diaz Bonilla, 2002
MADB 136817

Broc *Aqua Jar*

GE Industrial Design (Iñaki Remiro i Adrià Guiu)
Balvi, El Prat de Llobregat, 2008
Polipropilè injectat
21,5 x 16 x 9,7 cm
Donació Sociedad Mercantil Estatal de Acción Cultural SA, 2017
MDB 1527

Got

Catalunya, 1700 - 1799
Vidre bufat en motlle
5,5 x 6,7 cm
Compra, 1932
MADB 4727

Got i plat

Ricard Crespo i Xavier Nogués
Barcelona, 1929
Vidre bufat en motlle i esmaltat al foc
13 x 8,6 cm
Llegat Santiago Espona, 1958
MADB 65667

Utilitzar l'aigua... en la higiene

Les rutines d'higiene personal i les tasques de neteja de la llar o de la roba han requerit tradicionalment grans quantitats d'aigua. Antigament, s'empraven gibrells, aiguamans o cossis bugaders per fer-les possibles amb el mínim consum.

Avui aquestes accions formen part del nostre dia a dia i les fem amb altres tipus d'objectes, com lavabos, rentadores o cubells escorredors. Solucions que, progressivament, s'han d'anar adaptant als criteris de sostenibilitat.

Utilizar el agua... en la higiene

Las rutinas de higiene personal y las tareas de limpieza del hogar o de la ropa han requerido tradicionalmente grandes cantidades de agua. Antiguamente, se empleaban barreños, aguamaniles o tinas de lavado para hacerlas posibles con el mínimo consumo.

Hoy estas acciones forman parte de nuestra vida cotidiana y las hacemos con otros tipos de objetos, como lavabos, lavadoras o cubos escurridores. Soluciones que, progresivamente, se deben ir adaptando a los criterios de sostenibilidad.

Using water... in hygiene

Personal hygiene routines and daily cleaning tasks in the home or washing clothes have traditionally required large volumes of water. In the past, we used large pans, hand basins and washing tubs to make this possible with the least possible consumption.

Today this is part of our daily routine and we use other types of objects such as washing basins, washing machines, mops and buckets. These are solutions that must gradually be adapted to sustainability criteria.

Aiguamans

Talavera de la Reina, 1700 - 1799
Pisa amb decoració en blau de cobalt
34 x 24 cm

Compra, 1932
MCB 3970

40 **Gerra i bací de barber**

Cristobal Torres
Real Fábrica de Loza fina y Porcelana de Alcora, 1727 - 1749
Pisa amb decoració policroma
27 x 26 cm; 10,3 x 32 cm
Compra, 1909 i 1932
MCB 17846 i 4142

Aiguamans i palangana

Real Fábrica de Loza fina y
Porcelana de Alcora, 1727 - 1749
Pisa amb decoració en blau de cobalt
46 x 20,7 cm; 12 x 41 cm
Compra, 1932
MCB 4432 i 4433

Aiguamans

Barcelona, 1400 – 1499
Terracota vidrada en verd de coure
43 x 37,5 cm
Procedent de la volta de l'antic
Hospital de la Santa Creu de
Barcelona
Excavació, 1951
MCB 46561

Aiguamans

Terol, 1450 - 1475
Pisa amb decoració en verd de
coure i morat de manganès
41 x 25,5 cm
Compra, 1929
MCB 18286

Gerra

Paterna, 1375 - 1425
Pisa amb decoració en blau de cobalt i reflex metàl·lic
40 x 27 cm
Compra, 1921
MCB 19996

Gibrell

Sevilla, 1800 - 1899
Pisa amb decoració policroma
15 x 64,5 cm
Compra, 1971
MCB 108416

Cubell

Juan Gunfaus Navarro
Mery, S.A., Terrassa, 1970
Plàstic
44,3 x 39,2 x 23,4 cm
Donació Enric Llorens Culla, 1999
MADB 136541

Cubell *Delfín*

Manuel Jalón Corominas,
Vicente Álvarez i Julio Cejudo
Manufacturas Rodex, SA,
Saragossa, 1969
Polipropilè emmotllat
31,5 x 32 x 28,5 cm
Donació Curver Rodex, SA, 1995
MADB 136649

Cossi bugader

Aragó, 1700 - 1850
Terracota amb decoració incisa
59 x 59 cm
Compra
MCB 49047

Cossi bugader

Quart, 1600 - 1799
Terracota decoració amb
aplicació de cordons incisos
54,5 x 69 cm
Fons antic
MCB 146105

Rentadora *Eco Princess*

Diara
Fagor Electrodomésticos, SCL
Arrasate/Mondragón, 1994
Resina ABS, acer inoxidable, ferro
85 x 59 x 55 cm
Donació Fagor Electrodomésticos SCL, 1995
MADB 135968

48

Edita
Ajuntament de Barcelona
Institut de Cultura de Barcelona
Disseny Hub Barcelona

Consell d'Edicions i Publicacions de l'Ajuntament de Barcelona
Xavier Marcé Carol
Gemma Arau Ceballos
Maria Buhigas San José
Ferran Burguillos Martínez
Núria Costa Galobart
Mireia Escobar Costa
Sonia Fuertes Ledesma
Oriol Martí Sambola
Lluís Mauri Roldán
Àlex Montes Flotats
Jaume Muñoz Jofre
Joan Ramon Riera Alemany
Pilar Roca i Viola
Miquel Rodríguez Planas
Edgar Rovira Sebastià
Montserrat Surroca Comas
Anna Giralt Brunet

Directora de Comunicació
Pilar Roca i Viola

Directora de Serveis Editorials
Núria Costa Galobart

Direcció de Serveis Editorials
Passeig de la Zona Franca, 66
08038 Barcelona
tel. 93 402 31 31
www.barcelona.cat/barcelonallibres

EXPOSICIÓ

Organització
Museu del Disseny de Barcelona -
DHub

Direcció
Mireia Escobar

Comissariat
Isabel Fernández del Moral

Gestió de la Col·lecció
Sílvia Armentia, Teresa Bastardes,
Laia Callejà, Sara Moreno

Coordinació
Teresa Bastardes,
Adriana Mas Cucurell

Conservació
Veraicón: Carolina Jorcano

Gestió de la Documentació
Nubilum: Ivanna López

Disseny de l'espai
Adriana Mas Cucurell

Disseny gràfic
Valentina Pulian

Producció
Croquis

Muntatge
Control. Soluciones en
Logística Integral

Il·luminació
Ignasi Rosés

Traducció i correcció
Linguaserve

PUBLICACIÓ

Textos
Isabel Fernández del Moral

Coordinació editorial
Patrícia Altimira Ávalos

Traducció i correcció
Linguaserve

Disseny gràfic i maquetació
Valentina Pulian

Fotografies
Museu del Disseny:
Estudio Rafael Vargas, Guillem
Fernández-Huerta, La Fotogràfica

Impressió
Gràfiques Ortells

Agraïments
Oficina de Canvi Climàtic i
Sostenibilitat de l'Ajuntament
de Barcelona

Alfons Romero
(Associació Catalana de Ceràmica)

ISBN 978-84-9156-661-8
DL B 18084-2025

Disseny Hub Barcelona
Plaça de les Glòries Catalanes, 37-38
Barcelona 08018
T. 932 566 700
dhub@bcn.cat
dissenyhub.barcelona